37 Jade Street
Walla Walla, WA 99362

Felicidad

Julie Murray

Abdo
EMOCIONES
Kids

abdopublishing.com

Published by Abdo Kids, a division of ABDO, PO Box 398166, Minneapolis, Minnesota 55439.
Copyright © 2017 by Abdo Consulting Group, Inc. International copyrights reserved in all countries.
No part of this book may be reproduced in any form without written permission from the publisher.

Printed in the United States of America, North Mankato, Minnesota.

102016

012017

THIS BOOK CONTAINS
RECYCLED MATERIALS

Spanish Translator: Maria Puchol

Photo Credits: iStock, Shutterstock

Production Contributors: Teddy Borth, Jennie Forsberg, Grace Hansen

Design Contributors: Candice Keimig, Dorothy Toth

Publisher's Cataloging-in-Publication Data

Names: Murray, Julie, author.

Title: Felicidad / by Julie Murray.

Other titles: Happy. Spanish

Description: Minneapolis, MN : Abdo Kids, 2017. | Series: Emociones |
    Includes bibliographical references and index.

Identifiers: LCCN 2016947323 | ISBN 9781624026102 (lib. bdg.) |
    ISBN 9781624028342 (ebook)

Subjects: LCSH: Happiness--Juvenile literature. | Emotions--Juvenile literature. |
    Spanish language materials--Juvenile literature.

Classification: DDC 152.4/2--dc23

LC record available at http://lccn.loc.gov/2016947323

Contenido

Felicidad 4

¡Lo que puedes hacer
para estar feliz!. 22

Glosario 23

Índice. 24

Código Abdo Kids . . .24

Felicidad

Nos sentimos bien cuando estamos felices. Ésa es una de las **emociones** que podemos sentir.

Tami está con su hermana.

Ella se siente feliz.

Cuando estamos felices,
sonreímos. Jane está sonriendo.

Cuando estamos felices, nos reímos. Tom se está riendo.

Ayudar a los demás nos hace felices. Ellie ayuda a su abuelo.

Amy juega con sus amigos.

Eso la hace feliz.

John acaricia a su perro.

Eso lo hace feliz.

Charlie es **competitivo**. Es feliz cuando está jugando al fútbol.

¿Qué te hace feliz?

¡Lo que puedes hacer para estar feliz!

juega con tus amigos

sé un buen amigo

mira una película graciosa

sonríe y ríete mucho

Glosario

competitivo
tener un fuerte deseo de ganar o
de ser el mejor.

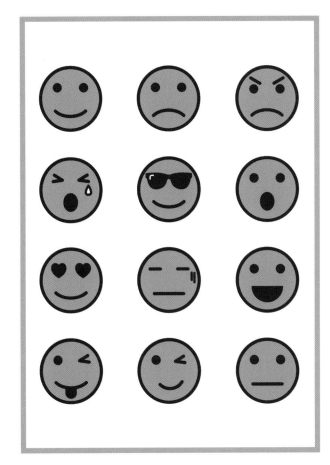

emoción
sentimiento fuerte.

Índice

abuelo 12

amigos 14

ayudar 12

bien 4

emoción 4

fútbol 18

jugar 14, 18

perro 16

risa 10

sonreír 8

abdokids.com

¡Usa este código para entrar en abdokids.com y tener acceso a juegos, arte, videos y mucho más!

Código Abdo Kids:
EHK5239